AF586883

THÉATRE ENFANTIN

1re SÉRIE

GUIGNOL

1er VOLUME

POLICHINELLE VAMPIRE

GRAND DRAME TRAGIQUE

EN UN ACTE

PARIS

A. DEHORS, ÉDITEUR

8, RUE DES VIEILLES-HAUDRIETTES

EN VENTE CHEZ TOUS LES MARCHANDS DE JOUETS

Yth 14406

POLICHINELLE VAMPIRE

PIÈCE-TYPE

GRAND DRAME TRAGIQUE

RENSEIGNEMENTS

Les quelques notes que nous plaçons ici, pourront peut-être paraitre naïves, mais nous sommes convaincu qu'elles peuvent être d'une grande utilité pour certains de nos jeunes lecteurs.

*
* *

Les décors ne font que donner un charme de plus au Théâtre Guignol, mais ils ne lui sont pas indispensables. Le Théâtre Guignol tire toute sa puissance amusante de la simplicité de sa mise en scène, la naïveté de ses dialogues et le grotesque du jeu de ses *têtes* grimaçantes.

*
* *

On nomme *index* le second doigt de la main, en commençant à compter par le pouce, et *ma-*

63

jeur le troisième. Les artistes de bois se manient à l'aide de ces trois doigts : l'*index* s'enfonce dans la tête, le *pouce* et le *majeur* font mouvoir les bras.

*
* *

Polichinelle a une voix traditionnelle qui s'obtient à l'aide d'un petit instrument nommé : *voix de Polichinelle* ou *pratique*. Ce petit instrument se place sur les dents ; on le trouve chez tous les marchands de jouets. Il se compose de deux petites plaques d'ivoire ou de zinc séparées entre elles par un ruban.

POLICHINELLE VAMPIRE

PIÈCE-TYPE

GRAND DRAME TRAGIQUE

EN UN ACTE.

PERSONNAGES :

Polichinelle.	Le Gendarme.	ACCESSOIRES :
Pierrot.	Le Diable.	2 bâtons,
Le Commissaire.	Colombine.	1 petit pot.

En cas d'absence ou d'indisposition d'un de ces personnages, on peut facilement s'en passer ; il suffit de supprimer la scène où il paraît.

ACTE PREMIER

SCENE PREMIÈRE

COLOMBINE — PIERROT

COLOMBINE

(AIR : *Bonjour, mon ami Vincent.*)

Bonjour, mon ami Pierrot,
Pierrot à la triste mine!

PIERROT

Je voudrais vous dire un mot,
Mademoiselle Colombine.

COLOMBINE

Je n'ai pas le temps d'entendre vos propos,
Mais puisque pour moi te voilà dispos,
Si tu voulais bien m' porter un p'tit pot,
Tu serais vraiment un homm' complaisant,
Un homm' bienfaisant, un homme bien-
[veillant,
Un Pierrot galant, un Pierrot charmant.

PIERROT

Eh bien, dites, où voulez-vous que je me transporte? pour vous je ferais le tour du monde, j'irais au Pérou, en Cochinchine, à Pontoise.

COLOMBINE

Je désire seulement que tu portes à mon oncle Cassandre le pot que je vais te remettre.

PIERROT

C'est bien loin, mais ça ne fait rien.

COLOMBINE

Allons donc, paresseux — et surtout ne le perds pas et ne l'ouvre point; me le promets-tu?

(Elle lui met le pot dans les bras.)

PIERROT

Je le jure!

(Il étend la main sur le pot.)

SCÈNE II

PIERROT

(Seul.)

C'est un pot de confitures..... hi..... hi..... de confitures d'abricots..... pour ce vieux grigou de Cassandre..... J'ai toujours beaucoup aimé les confitures d'abricots..... Non, je ne dois pas y toucher..... J'ai juré de les porter intactes..... Elles sentent bon..... Oh! Bah!..... Il me semble que j'entends du bruit; en route!

SCÈNE III

POLICHINELLE — PIERROT

POLICHINELLE

(AIR *connu.*)

Pan..... Qu'est-ce qu'est là?
C'est monsieur Polichinelle.
Pan..... Qu'est-ce qu'est là?
C'est Polichinelle que v'là.

Mais je ne me trompe pas,
Cette blanche figure
Porte là dans ses bras
Un pot de confitures.... Prouttt.

(Reprise des quatre vers.)

Pan.....

(Pierrot s'est retiré au bord du théâtre, dans un coin, et mime la frayeur.)

POLICHINELLE

Tiens, c'est Pierrot..... cet imbécile de Pierrot.

PIERROT

Tiens, c'est bobosse..... ce chenapan de Polichinelle.

POLICHINELLE

Que caches-tu donc là?

PIERROT

Ça ne te regarde pas.

POLICHINELLE

Ah, ça ne me regarde pas! — Tu vas me montrer cela de suite?

PIERROT

Jamais, — (Polichinelle veut lui prendre le pot) — au voleur!

(Après une courte lutte, Polichinelle s'enfuit.)

POLICHINELLE

(En disant à part au public.)

Je vais chercher des armes.

SCÈNE IV

PIERROT

(Seul.)

Parti..... Il est parti..... Hein..... ai-je été assez brave?..... l'ai-je assez défendu ce pot?..... Je ne me croyais pas capable de cela..... C'est bien, mon ami Pierrot, je suis content de vous! — Ce voleur de Polichinelle! — cette canaille de Polichinelle! Je l'ai effrayé. — Les confitures sont sauvées, je suis un héros. Il aurait voulu les manger, le gourmand. — Il est vrai qu'elles ont bonne mine. — Si j'y goûtais..... — Après une pareille victoire ça m'est bien permis..... Voyons, rien que le doigt.

(Il fourre sa main dans le pot en crevant le papier.)

SCÈNE V

POLICHINELLE -- PIERROT

POLICHINELLE

(s'avance doucement avec un bâton et donne un grand coup sur la tête de Pierrot.)

Proutt.

PIERROT

Oh! la, la..... la..... Au voleur, à l'assassin, à la garde!

(Puis il rend le dernier soupir et va se coucher dans un coin. — Retirez la main.)

SCÈNE VI

COLOMBINE — POLICHINELLE

COLOMBINE

Qu'y a-t-il? — Pourquoi ces cris.....

POLICHINELLE

Oh, oh, ah — la bourgeoise.....

COLOMBINE

Pierrot mort — mon pot entre les mains de Polichinelle..... Misérable assassin, ces confitures m'appartiennent, rendez-les-moi.

POLICHINELLE

Proutt.

COLOMBINE

Voleur, assassin!.... Je vais aller chercher le Commissaire.....

POLICHINELLE

Ah! tu vas aller chercher le Commissaire?....

(Il tape dessus à coup redoublés. — Colombine se sauve et ramène le Commissaire.)

SCÈNE VII

COLOMBINE — COMMISSAIRE
POLICHINELLE

COLOMBINE

Par ici, monsieur le Commissaire, par ici.

LE COMMISSAIRE

Voyons, mes enfants, pourquoi tout ce vacarme?.... Expliquez-vous.....

COLOMBINE

(AIR : *Le chat l'a pris pour une souris.*)

Polichinelle m'a battue,
Mon Dieu, quel homm', quel vilain homme,
Polichinelle m'a battue,
Je demande qu'il soit pendu.

Oui, monsieur le Commissaire, j'envoie ce pauvre Pierrot, dont vous voyez le cadavre, me porter des friandises à mon oncle Cassandre, ce vaurien de Polichinelle les lui a volées après l'avoir tué.

LE COMMISSAIRE

Ah! ah! nous sommes en présence d'un voleur, d'un assassin..... Connexité dans le crime..... Article 275. — Anasthase Polichinelle, au nom de la loi, dont je suis ici le représentant, je vous ordonne de vous livrer à la justice et de me remettre votre bâton offensif.

POLICHINELLE

Prrouuttte.

LE COMMISSAIRE

Je vous somme d'obéir.

POLICHINELLE

Tu me sommes?..... eh bien, moi, je t'assomme.

(Il lui donne des coups sur la tête.)

LE COMMISSAIRE

Misérable, au nom du respect que.....

POLICHINELLE

Prroutte..... Voilà pour le respect !

(Colombine s'enfuit.)

(Nota : Colombine peut aussi mourir ici, victime des coups de Polichinelle. Si l'auteur lui laisse la vie, ce n'est que par pure galanterie.)

LE COMMISSAIRE

A moi, à la garde !

POLICHINELLE

Prouutte.....

(Le Commissaire expire et va mourir près de Pierrot. — Retirez la main.)

SCÈNE VIII

GENDARME — POLICHINELLE

LE GENDARME

Tartief — suivez-moi.

POLICHINELLE

Tu en veux donc aussi, toi, du jeu de bâton?

(Il le frappe, mais le Gendarme parvient à saisir

le bâton et le cogne à son tour. — Après quelques instants, Polichinelle reprend son bâton et roule le Gendarme en le lui plaçant dans le creux du cou. — Le Gendarme expire et va se joindre aux deux autres cadavres. — Retirez la main.)

SCÈNE IX

POLICHINELLE

(Seul.)

Enfin, je suis le maître, je suis seul et je vais pouvoir déguster à mon aise ces odorantes confitures.

SCÈNE X

LE DIABLE — POLICHINELLE

LE DIABLE

Cuic..... couiiicc. — Le méchant ne doit jamais être tranquille. Dieu me charge de te punir, suis-moi.

POLICHINELLE

Où.

LE DIABLE

En enfer.

POLICHINELLE

Prouuttt.

(Polichinelle frappe.)

LE DIABLE

Sataniel, mon bâton magique.

(Le Diable se trouve aussitôt avoir, lui aussi, un bâton. — Un grand duel commence. — Ils se reculent chacun à un bout du théâtre, puis ils avancent en se visant. — Mais à chaque coup, le Diable se baisse, et le bâton va frapper le vide. — Polichinelle n'est pas aussi adroit et reçoit tout. — Au bout d'un certain temps, le Diable roule Polichinelle en poussant des cuics effrayants, et le cadavre du bossu va rejoindre les autres.)

LE DIABLE

Sataniel, prépare la chaudière.

(Et il enlève les cadavres et les jette dans la coulisse un à un. — Puis il saisit le pot de confitures et se met en devoir de le goûter, en chantant :)

Couic !

(AIR : *de M. Dumollet.*)

Cette pièce prouve, mes amis,
Que la vertu trouve sa récompense,
Et que le méchant insoumis
Va dans l'enfer subir sa pénitence.

De ces confitures qu'il aimait,
Polichinelle, ce bossu trop coupable,
Est enfin frustré par le Diable ;
Bien mal acquis ne profite jamais !

Couic !

FIN

BIBLIOTHÈQUE IMPÉRIALE

PARIS. — IMP. FÉLIX MALTESTE ET Cie,
rue des Deux-Portes-Saint-Sauveur, 22.

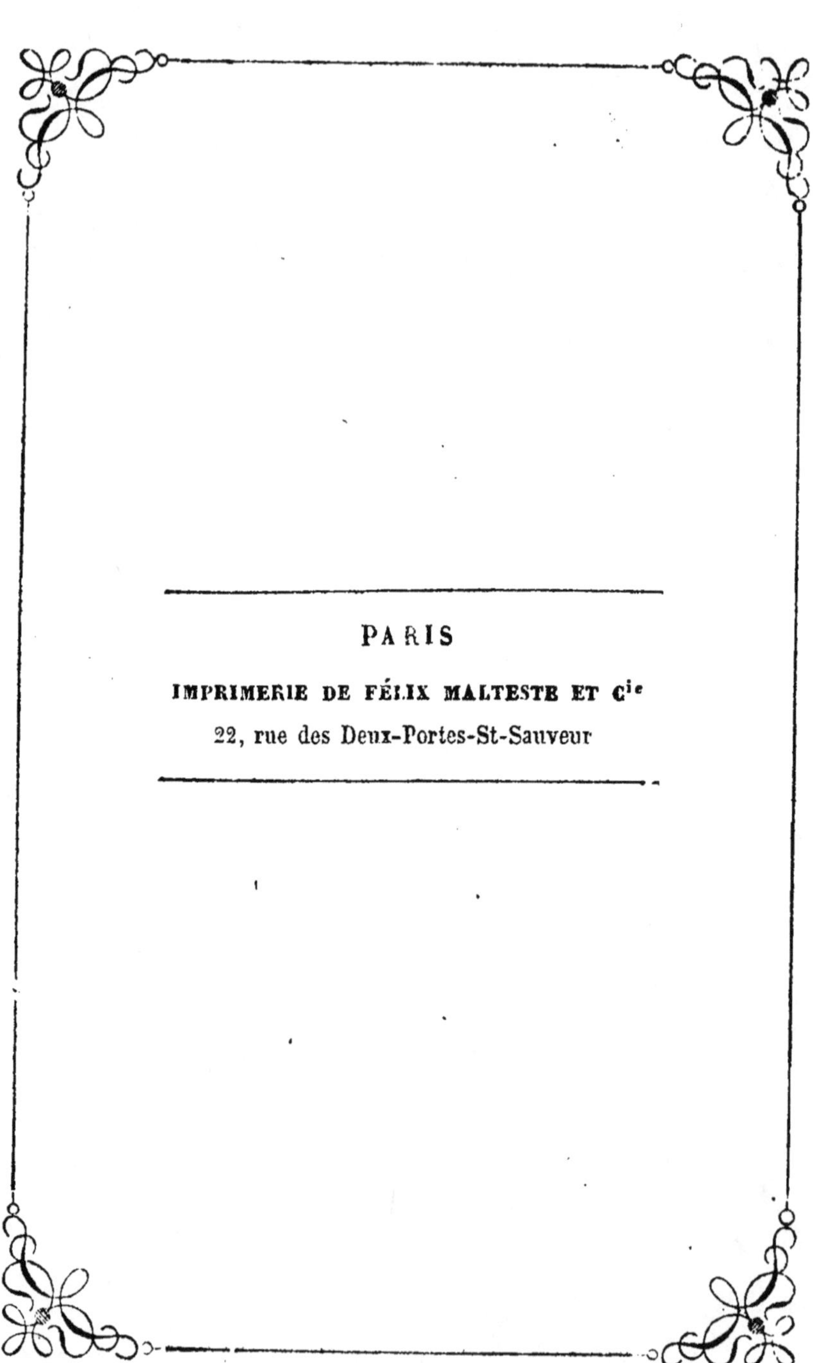

PARIS

IMPRIMERIE DE FÉLIX MALTESTE ET Cie

22, rue des Deux-Portes-St-Sauveur

www.ingramcontent.com/pod-product-compliance
Lightning Source LLC
LaVergne TN
LVHW052034160826
845678LV00003B/1333

* 9 7 8 2 3 2 9 6 2 5 0 5 8 *